ゲッターズ飯田の

運の鍛え方

ゲッターズ飯田

朝日新聞出版

むかしむかしのお話です。
ある辺境の村に、
馬をもった一人の老爺《ろうや》がいました。
貧しい村だったので馬をもっているのは
このおじいさんだけ。
農作業ができ、荷物を運べる馬を、
ほかの村人たちはうらやましく
思っていました。

ところがある日のこと、この馬が
どこかに逃げてしまいました。

「なんて不運なことだ！」
と感じた村人たちは、
老爺をなぐさめに来ました。

しかし老爺は、落ち込む様子もなく、

「これが不運かどうかは、わからない」

と言いました。


「不運に決まっているじゃないか！」

村人たちは口をそろえて言いました。

しばらく経ったある日、
逃げた馬が帰ってきました。
しかも、もう一頭、
足の速い馬を
連れて帰ってきたのです。
帰ってきただけでも運がいいのに、
二頭に増えたのを見た村人たちは、
「なんて幸運なんだ！」
と言いました。

ところが老爺は、
「これが幸運かどうかは、わからない」
と言いました。

数年後、老爺の息子が馬に乗っていると、
落馬して足を骨折してしまいました。
「なんて不幸なことなんだ！」
村人たちは言いました。

ところが老爺はまた、

「これが不幸かどうかは、わからない」

と言いました。

その後、異民族が国境を越えて
攻めてくることがありました。
そのため徴兵令が出て、村の若者たちは
軍隊に入ることを命じられたのです。
老爺の息子は足を骨折していたため、
徴兵を免れ、
戦争に行かなくて済みました。

村人たちは言いました。
「なんて幸運なんだ！」

ところが老爺は言いました。
「これが幸運かどうかは、わからない……」

不運と幸運は常に変わり、
何が不幸で、何が幸せかなんて、
誰にもわかりません。

今が不幸でつらいと思っていても、
それは、次の幸運に
つながることかもしれません。

今が最高に幸せでも、
それは、不幸の始まりかもしれません。

何が幸せで、何が不幸なのか。
簡単にはわからないことなのです。
では、私たちは「運」というものを
どう考えればいいのでしょう？

「運のおはなし ～『淮南子《えなんじ》』人間万事塞翁《さいおう》が馬 より～」

ゲッターズ飯田の運の鍛え方

CONTENTS

運をつかさどる「5欲」

運の鍛え方

※この本の内容は、ゲッターズ飯田氏の経験に基づく考え方をまとめたものです。
この本で紹介している内容は科学的裏づけがされているものではありません。

［装丁］新上ヒロシ（ナルティス）
［デザイン］原口恵理／上野友美（ナルティス）
［イラスト］オカヤイヅミ
［編集］鈴木久子（KWC）
高橋和記（朝日新聞出版）

1章 そもそも運って何だろう？

運の性質をつかむ①

運は、瞬間、瞬間で動いている!

巻頭の「人間万事塞翁《さいおう》が馬」の話を読んで、どんな感想を抱きましたか?

大小あれど、誰もが似たような経験をしているのではないでしょうか。

僕にも、こんな経験があります。

大学受験のときのこと。試験会場に向かう途中で、「あっ、お守りがない!」と気づきました。親からもらった合格祈願のお守りです。一瞬、悩みましたが、取りに戻りました。

それにより新幹線に1本乗り遅れましたが、もともとかなり早く家を出ていたので遅刻することはなく、お守りを手に、次の新幹線に乗りました。すると、新幹線内の座席で週刊誌を見つけたのです。パラパラとひと通り読みました。

そして、いざ試験会場へ。

小論文のテストが配られ、「始め!」の声とともにパッと用紙をめくると、「女性の社会進出に

運

同じ出来事でも、よくも悪くもなり得る。それが運というもの。

ついて」の文字！

なんと、新幹線の中で見つけた週刊誌で、偶然にも「女性の社会進出」の記事を読んでいたのです。おかげで悩むことなく小論文が書けました。

この出来事も、「人間万事塞翁が馬」の話と似ているところがあります。

お守りを忘れて、新幹線に乗り遅れた
↓運が悪い
予定外の新幹線に乗ったことで、小論文のヒントになる週刊誌の記事を読めた
↓運がいい

最終的に運がいい方に転がりましたが、もしお守りを忘れずに予定の新幹線に乗っていたら……？　週刊誌は読めなかったかもしれませんが、もっと大きな別の幸運と出会っていたかもしれませんし、それはわかりません。

運は瞬間、瞬間で変化します。**最終的にどこに着地させるか。**そこに運を操るカギがあります。

運の性質をつかむ②

運と心はうつろいやすい

何かが起こった瞬間に「運がよかった」「運が悪かった」と思っても、そのときだけではわからないのが、運の面白さです。

これって、「物の価値」にも似ていると思いませんか？

次のような経験も、よくあると思います。

僕がまだ高校生で実家にいるころ、漫画雑誌を3年間くらい捨てずに取っておいたことがありました。ところが大学に行く時期になって、ふと「これ、もういらない」と思い、全部捨てたくなりました。3年間も大切に集めていたものなのに、突然「もういらない」と感じ捨てたんです。

部屋に貼っていたポスターも、急に「なんだか子どもっぽいな」と思い始めて、はがして捨てたりして。こういう経験って、誰もがあるのではないでしょうか。あんなに好きだったのに……。物の価値って永遠には続かないんですね。

「運のよさ、悪さ」は、心の動きと関係している。

単に気持ちが変わっただけでは？

そうとも言えます。でも、ここに**運の性質をつかむヒント**があります。

運と心。

この2つは密接な関係にあるのです。どちらも**絶え間なく動いていて、変化を繰り返し、とどまることがありません。**

僕の経験した「物の価値は変わる」という話もそうですが、世の中で「当たり前とされているもの」も、変わらないようでいて、じつは変化を繰り返しています。

常識と言われることも、時代と共に変わりますよね。「そんなの当たり前……」とすぐに思い込まずに、「本当にそうなのか？」という視点をもつことは、常に動き、変化する〝運〟をつかむ訓練になります。それこそが運を鍛える第一歩です。

では、次ページから具体的に見ていきましょう。

運をつかむ訓練
当たり前を疑ってみる
01

友達は大切？

「友達を大切に」

子どものころ、そう言われた人は多いでしょう。

もちろん、大切だと思います。

でも占いをしていると、「友達の価値観」に縛られていて、苦しくなっている人にもよく出会います。「それはダサい」「それはあり得ない」「こうするべきだよ」など、友達の強い価値観が刷り込まれてしまい、**自分の本心がわからなくなり、素直な自分を出せなくなっている**のです。しかも、そういう人はたいてい優しいので、友達を切れず余計に苦しい……。

　そんな人に会うと、友達が「足かせ」になっているなと感じることがあります。その友達が悪いと言っているわけではありません。「尊重したい」という気持ちもわかりますが、自分の心を殺してまで、友達を大切にする必要はあるのでしょうか？

運をつかむ訓練
当たり前を疑ってみる
02

お金があれば幸せ？

「お金持ちになりたい」と思う人は多いもの。

お金があれば「欲しいものが手に入る」「人を動かせる」という現実もありますが、「お金があれば、何でもできる」と妄信すると、ゆがみが生じてきます。

例えば、「お金至上主義」を信じるあまり、自分の欲望のためだけにお金を使う人がいます。感謝を返さずに、お金を独り占めする人です。

そもそもお金は「道具」です。本当は、お金自体に価値があるのではなく、**お金を使って何をするか。**そこに価値があるのです。

お金は「感謝の対価」です。「ありがとう」の気持ちの代わりに渡されるものです。独り占めしていたら「ありがとう」と言われない人生です。いくらお金持ちでも、人のためにお金を使えない人は愛されません。誰からも相手にされないお金持ちって、本当に幸せでしょうか？

運をつかむ訓練
当たり前を疑ってみる
03

夢をもたなきゃいけない？

「夢をもとう」。これもよく聞かれる言葉です。

でも、「夢をもつ」などと言われ始めたのは比較的最近のこと。昔は身分が決まっていたので夢をもつことはなく、**流れの中で生きていました。**

時代が変わり、生き方を自由に選べるようになり、さまざまな夢がもてるようになりました。

しかし、夢をもつことを知らず、身分や土地に縛られて生きていた時代の人たちも幸せを感じていたはずです。むしろ今は、**自由になったことで不安を抱きやすい時代になった**とも言えます。夢を叶えなくては……と苦しみ、夢破れることを極端に恐れる人が増えているような気がします。

僕自身、芸人を目指していて、その夢は叶いませんでしたが、流れに身を任せたことで占い師になれました。夢をもつといい面もあるけれど、執着すると苦しくなる。流れにムリに逆らわず、臨機応変に生きる方が幸せなのかもしれません。

運をつかむ訓練
当たり前を疑ってみる
04

個性がないとダメ？

占いをしていると、「個性がない」と悩んでいる人が多いなぁと感じます。

振り返ってみると、学生時代は周りが同い年の人ばかりだったので、みんなクラスの中での立ち位置に敏感になり、個性を出すことでアイデンティティを保とうとしていました。

でも、社会に出たらその必要はありません。なぜなら、社会に出れば自分のやるべきことがあるからです。

個性がなくても、「役割」があればいい。

それをコツコツと続ければいいのです。

流されていいんです。会社や社会の枠組みがあるのだから、そこに流されない人はかえって周りに迷惑をかけることもあります。学生時代の環境はむしろ特殊で、社会に出たら続けられることを続けていれば、それが個性となります。ムリして作らずとも個性はそこにできています。

運をつかむ訓練
当たり前を疑ってみる
05

自己主張しないと生き残れない？

占いをしていると、「自分のやりたいことを仕事にしたい」と言う人がたくさんいます。でも、芸能界を見るとわかりますが、「やりたい、やりたい」と主張だけしてもダメで、逆に「ぜひお願いします」と依頼されなければ、仕事は回ってきません。

では、やりたいことをやるにはどうしたらいいか？　認められるように実力をつければいいのかもしれませんが、実力があっても嫌いな人には仕事を頼みませんよね。

人に好かれることです。人のために一生懸命になれば、必ず自分に返ってきます。誰だって自分のために一生懸命になってくれた人を認めたくなります。恩を返したくなるのです。自分が自分が、と主張するより「あなたにやってほしい」と言われるようにならなければいけないのです。人生は、人との関わりの連続です。人に好かれることの方が先なのです。

まとめ
1

運を動かしているのは誰か？

いかがでしたか？

「みんなそう思っている」「それが普通」と思っていたことも、じつは社会に蔓延《まんえん》する価値観に洗脳されていただけかも……と思えてきませんか？

僕はほぼ毎日占いをしていますが、そこで聞く悩みには、「周りの意見にとらわれているなぁ」と思うものがよくあります。

でも、考えてみてください。「人間万事塞翁が馬」の話で、運がいいと思っていたら悪い方に転じたり、その逆もあったように、運は定まらないのです。運は常に動き、流れ、変化しています。

「当たり前」と思われていることも同じで、流行、景気、時代も変わっていくし、それに伴い社会的価値観が変わっていくことは、誰もが体験していることと思います。

では、その価値観を作っているのは何でしょうか？

人の心です。

そこで暮らす人たちの、心の集合体です。

流行や時代の空気とは、多くの人の心が動いたことでそちらに価値が動いていく現象です。

では、自分自身についてはどうでしょうか？

最初にあなたの心を動かすのは、ほかでもないあなた自身です。心の変化のおおもとは自分の価値観です。自分で考え、自分で判断し、人生を歩んでいくのです。他人の価値観に振り回される必要はありません。

心は動くもの。あなたの心が動いた方に運も動いていきます。そして、あなたの受け取り方次第で運は変わり、よくも悪くもすることができます。社会的価値観や他人に振り回されていると、自分の運を見失い、自分で動かせなくなってしまいます。

運

自分の運をよくしたり、悪くしたりしていたのは、自分だった！

運のいい人になるには？

多くの人は漠然と、「運がよくなりたい！」「運のいい人になりたい！」と思っているのではないでしょうか。でも、あらためて「運って何だろう？」と考えてみて、ここまででわかったことは、次の3つです。

- **運は心**
- **常に動いていて、変わっていくもの**
- **自分の運を動かしているのは自分自身！**

漠然と「運がよくなりたい！」と願っていたのでは、運がよくならない理由がわかりますよね？　なぜなら、**運の行き先**を決めていないからです。

進路、就職、結婚を決めるときなど、人は「こうありたい」「こうなりたい」と、未来をイメージして決断するはずです。

運がいいとはどういう状態かがわかっていないと、「運がいい」と感じられない！

運だって同じです。

何となく「運がよくなりたいなぁ」と思っても、「運は心」なので、揺れ動きます。**「自分にとって運がよい状態とはどういうことなのか」「だから、自分はどうしたいのか」**が見えていなければ、「運がよくなった」とは、いつまでも思えないのです。

この決断は、自分で行うことです。人の意見や評価は関係ありません。**運がいいと感じるのは主観的なもの。**他人から「○○さんは運がいいよね」と言われても、本人が「運がいい」と思えなければ、運がいい人ではないのです。

極論を言ってしまえば、**「幸せとは何か？」を自分の中で考える**ことです。ただし、「何をもって幸せと言えるのか」も、人それぞれです。

僕は、長年占いをする中で「人が幸せを感じるのは、その人のもつ〝強い欲望〟が満たされたときだ」ということに気づきました。2章では、その「欲望と運との関係」を見ていきましょう。

COLUMN

ゲッターズ飯田が見た！

運の達人 vol.1

運気がよくなる前に仕掛けた人

あるアーティストさんを占った際、「来年から2年間の運気がよいですよ」と伝えていました。その後、再会したときに、「事前に教えてもらったから、運気がよくなる前兆を感じられた。だからよくなる前に新しいことを仕掛けておいた」と言われました。実際に、彼が仕掛けたイベントが翌年から波に乗り、次の年にはさらに拡大。ノッていることがよくわかります。

この「運気がよくなる少し前から準備しておく」ということができるか、できないかで、幸運期の〝はじけ方〟が全然違ってくるんです。

ちなみに、この彼とほぼ同じ運気で、とくに何もしていなかった人がいるのですが、いまだ目立った変化がありません。占いで「○年後に運気がいい」と出ていても、何もせずに待っていては何も起こらないんです。運気のいい時期に拡大・発展するように、その前から仕込んでおく、着手しておく、準備しておくことがとても重要です。

2章 運の流れと「5欲」を知ろう!

運の周期とは何か？①

運気が上がるのは、なぜなのか？

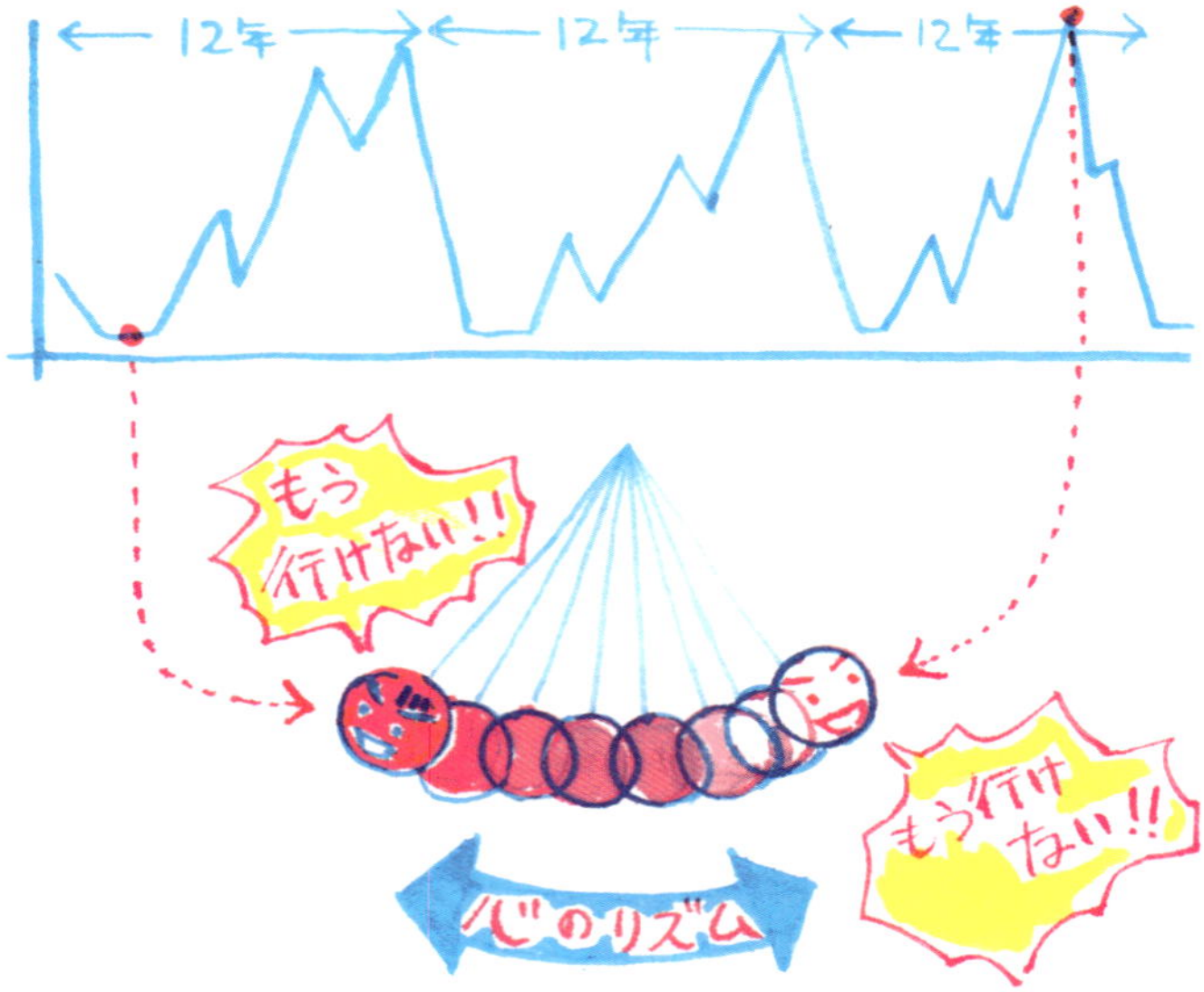

1章で、「運は動き、変わるもの」という話をしました。これを占いでは、「運気」とか「運の周期」といった言い方で表現しています。

『ゲッターズ飯田の運命の変え方』（ポプラ社）という本では、「五星三心《ごせいさんしん》占い」の12タイプ（星）別に、運の周期を示したグラフを掲載しました。折れ線グラフになっていて、どの星もだいたい12年周期で上下（浮き沈み）を繰り返しています。

もっと大きな流れで捉えると、36年周期となります。36年の中で、似たような浮き沈みの12年周期を3回繰り返すイメージです。

星ごとの説明は他の本に譲りますが、この本では**「運の周期とはいったい何なのか？」**ということに迫りたいと思います。

まず、どのタイプ（星）の人も**運気が上がりっぱなしとか、下がりっぱなしということはありま**

心のリズムにのって運気もつねに変化する。

せん。上がったら必ず下がる、下がったら必ず上がる、を繰り返しています。星によりそのリズムが異なるだけです。

これは、どういうことかわかりますか？
このリズムとは、**心のリズム**なんです。

運の周期とは、心のリズムのパターンです。
別のイメージで例えるなら、「振り子運動」だと思ってください。振り子が片方に振れ、これ以上は行けない……という最大地点に到達すると、今度は逆に振れ始めます。逆側でも同じように、これ以上は行けない……という最大地点まで振れると、また逆方向に戻ります。

「振り子」は、一定周期で行ったり来たりしています。この「振り子運動」が心のリズムで、運気（＝運の周期）とは「心の振り子運動」が繰り返す周期だと捉えてみてください。

運の周期とは何か？②

「運気がいい、悪い」から脱却してみよう！

運には周期があり、それを行ったり来たりする「振り子」に例えました。

占いでよく使われる運気の折れ線グラフは、上下に浮き沈みするので、「運気がいい、悪い」という見え方になりますが、それだと善悪のようにも感じてしまいます。しかし、運気が悪い＝「悪」ではありません。そこで僕は「振り子運動」に置き換えてみました。

振り子は左右の動きなので、「いい、悪い」といったイメージにはなりません。じつは**「いい、悪い」から脱却した方が「運の正体」を捉えやすい**のです。

では、「運気＝心の振り子運動」だとして、振り子は左右に揺れますが、これが何を意味しているかわかりますか？

それは**「自分らしさ」**と**「自分らしくない自分」**です。

この現象を説明すると、次のようになります。

- **片方に振れる → 自分らしさが出る**
- **もう片方に振れる → 自分らしくなくなる**

運気に当てはめると、こうなります。

- **自分らしい方向に振り子が振れたとき**
  ＝運気がいいとき
- **自分らしくない方向に振り子が振れたとき**
  ＝運気が悪いとき

人間とは面白いもので、誰にでも得意なことと苦手なことの傾向がありますが、得意なことばかりやっていてもどこかで飽きるんです。この飽きたときが、振り子が片方に限界まで振り切れて、逆に動き出したときです。

運気が悪くなるのは、振り子が自分らしさの真逆に振れたとき。

思い出してみてください。どんなに大好きな食べ物でも、そればかり食べていたら飽きませんか？　ふと違うものが食べたくなる瞬間があるはずです。それで気が変わって離れたとしても、しばらくするとまた元の好きだったものが食べたくなる。簡単に言うと、そんなイメージです。

好きなことだけでなく、得意でやっていることなども飽きる瞬間がくるんです。そこが振り子の限界で、ギリギリまで振れるとパッと手放され一気に逆に動き出す……。これが**「心の振り子運動＝運の周期＝運気」**だと、僕は考えました。人の心は同じ所にとどまっていられないんですね。

１章で、「運は心。常に動き、変わっていく」と言いましたが、ここで、その動きには「周期がある」ことがわかったと思います。

ですから、運をよくするには「振り子の片方」と「真逆のもう片方」を知り、対処法を考える必要があるのです。

運の周期とは何か？③

運の正体が見えてきた！

「自分らしさ」と「自分らしくいられない自分」を行き来している心の振り子。

では、**「自分らしさ」とは何でしょう？**

自分らしくいられるときって、心地よい状態だと思いませんか？　ムリをしていない。我慢していない。人に合わせたりしていない。心のおもむくままにいられる……。

それは、**「欲望が満たされているとき」**です。

例えば、好きな趣味に夢中になっているとき、気の合う人と話しているとき、得意なことが認められたとき、心が満たされませんか？

ということは、心は自然と欲望の方に動いていくはずですよね？　心の動きを邪魔するものがなければ、心の振り子は自然と欲望を求め、それに伴い「自分らしさ」が出てくる。

つまり、**欲望と自分らしさはつながっていて、**振り子がいい方に振れているときは、

「＝自分らしさが前面に出ているとき」で、それは

「＝欲望が満たされているとき」で、これこそが、

「＝運がいいとき」なのです！

一方で、占いを続けていくうちに、人間の欲望はみんな同じではないこともわかってきました。

一般的なイメージとして、誰もが「食欲」「金欲」をもっているように思いがちですが、それらに興味がない人もいます。

例えば、「食事はお腹がふくれるだけでいい。それより好きな創作活動をしている方が幸せ」という人。高い報酬だけど興味のない仕事より、安くても好きなことに打ち込める仕事を選ぶ人。

また、承認欲求や出世欲が強い人もいれば、周りの評価は気にならない、という人もいます。

運

運がいいと感じるのは自分らしくいられるとき。それは欲望が満たされているとき！

それらを分類していくと、人間の欲望は5種類に絞られることがわかりました。

それを僕は「5欲」と名づけました。

人はみな欲望（振り子の一端＝自分らしさ）の実現を求めて生きていますが、そもそももっている欲の種類が違うし、振り子が逆に振れると、求めたくなる欲望が変わり心が乱れます。

この「欲望が変わる」ということをあらかじめ知っておき、「欲望が変わる時期」がわかれば心構えができるので、運に振り回されずに済むでしょう。

まずは、自分の「欲」を突き止めてみてください。そうすれば自分はどういう状態が心地よく、自分らしさを保つには何を求めればいいのかがわかってきます。逆に、心地悪さを感じるときは、自分の何の「欲」が満たされていないのか、または、自分らしさとは違った欲望を求め始めた時期かもしれないと気づくことができるでしょう。

では、自分の「5欲」を調べてみましょう。

運をつかさどる欲望を知る

幸運・不運の根源である「5欲」を調べてみよう！

ここまでをいったんまとめましょう。

- **運とは心**
- **運の周期とは、心のリズムが作り出した振り子運動。一方の限界まで振れたら、真逆のもう一方に振れる**
- **一方とは、自分らしさ。自分の中にある強い欲望を満たそうとする自分**
- **もう一方とは、自分らしくいられない自分。自分の中にない欲望に向かっていこうとする自分**
- **「運がいい」と感じるのは、自分の中にある強い欲望が満たされているとき**
- **「運が悪い」と感じるのは、自分の中にある強い欲望が脅かされているとき**

例えば、「金欲・財欲」が強い人は、お金がたくさんあると心が満たされて安心でき、素直で前向きな自分になります。このとき「運がいい」と感じます。

ところが、お金がなくなると不安や恐怖が押し寄せてきて、心が不安定になります。このとき「運が悪い」と感じます。

「欲望が満たされる＝自分らしくいられる＝運がいい状態」なので、振り子が逆に振れ始めたら求める欲が変わり、運も変わっていきます。

つまり、自分の心が変わるという性質自体が幸運も不運をも作り出しているわけで、これは心がある限り人間誰しも逃れられないことです。

一方で、心の振り子が逆に動き出すのと同時に**「外からの不運」**もやってきます。苦手なことを押しつけられる、気の合わない人と関わることになるなどの、否応なしに外から迫りくる不運です。

なぜ、これを不運と感じるのでしょうか。

先ほど「運が悪いと感じるのは、自分の中にある強い欲望が脅かされているとき」と言いましたが、もう一つ「自分に〝ない欲〟を求められたり

自分の中にある欲望を知れば、幸運・不運を感じる理由がわかる！

「5欲」とは、この5つ!!

押しつけられたり、ひょんなことから手に入れてしまったりする」ことでも、人間は不運と感じるという側面があります。本来自分が持っていない「欲望」を無理矢理押しつけられると、心が乱れ、負担に感じ、不運だなぁと感じるのです。

つまり、**不運だなぁと感じるのは「〝ない欲〟に心がストレスを強く感じるから」**なんです。

それを回避するには、こうした心の特性を理解し、欲望が合っていないことを受けとめること。そして自分の欲望と、他人の欲望を理解することです。

人間の欲望の種類は大きく分けて5つあります。次のページから「5欲の特徴」を一つずつ挙げていくので、自分の感覚、欲求に近いものをいくつでも選んでください。一番多く当てはまったページが、今あなたの中にある強い欲望です。たいてい2〜3つの強い欲望をもっています。

また「負けず嫌い」「合理主義」のような、個性と思われていることも、元をたどれば欲望から生まれているとわかります。さぁ、あなたの心の奥にある欲望を調べてみましょう。

このタイプの人が言われると嬉しい言葉

- 一緒に頑張ろう!
- めちゃくちゃ頑張ってますね!
- 目的が明確ですね!
- (ライバルの)○○さんなんて、目じゃないですよ!

左ページの欲が悪く出ると「裏目に出る」ようになります。
こっちの傾向が強くなると、運が悪くなるので要注意!

運が悪いとき

欲望が満たされないとこうなる!

=「調子が悪い」ときにやってしまうこと

- □ 反発心が強い
- □ 生意気になる
- □ 自我が強すぎて苦労する
- □ 上下関係の作り方が下手
- □ 人によってキャラが変わる
- □ なんでも勝ち負けで決める
- □ すぐに人とぶつかる
- □ 謝れない
- □ 人の話を聞かない
(とくに都合の悪いことを聞かない)
- □ 話の最初しか聞かない
- □ 目的のためなら裏切る
- □ うまくいかないとやけ酒、
やけ食いをする
- □ 感情が暴走し、コントロールできない
- □ 無性に旅行やライブに行きたくなる
- □ 占いにハマる

5欲その1

JIGAYOKU

自我欲

➡ 自己主張したい欲。自分を認めてもらいたい欲

このページに書かれていることが自分の感覚に近いと思ったら、あなたは「自我欲」が強い人です。

私はこんな人です！

＝「満たされたら気持ちいい！」と思うこと

- □ 負けず嫌い
- □ がんばり屋、努力家
- □ いつまでも青春時代の心をもつ
- □ さっぱりした性格
- □ スポーツが好き
- □ 仲間意識が強い
- □ 誰とでも対等に付き合おうとする
- □ 年齢や地位で人を区別しない
- □ 「みんな同等」という意識が強い
- □ 理数系に強い
- □ 最小限で最大限のパワーを出す
- □ 一発逆転を狙う
- □ エネルギーが強い情熱家
- □ 目的意識が強い
- □ 目的のためなら陰の努力も惜しまない
- □ 素直（ただし純粋とは異なる）
- □ 心が高校1年生
- □ ムダが嫌い
- □ 合理主義
- □ 近道を探すのがうまい

運がいいとき

このタイプの人が
言われると嬉しい言葉

- おいしい食べ物ありますよ！
- おいしいお店をよく知ってますよね！
- 面白いですね！
- 一緒にいると楽しいです！

左ページの欲が悪く出ると「裏目に出る」ようになります。
こっちの傾向が強くなると、運が悪くなるので要注意！

欲望が満たされないとこうなる！

＝「調子が悪い」ときにやってしまうこと

運が悪いとき

- □ 口が悪い
- □ 余計なひと言を言う
- □ 感情をむき出しにする
- □ 恩着せがましい
- □ 短気
- □ 運任せで動く
- □ 計画性がない
- □ 瞬発力だけで動く
- □ おなかがすいたら集中力がなくなる
- □ 運がいいときはいい方に転ぶが、悪いときは思いっきり外れる
- □ 感情の起伏が激しくなる
- □ ストレス発散が下手（楽しくないとダメ）
- □ 浪費癖があり、貯金ができない
- □ ストレスが溜まったときに暴走しやすい（ストレスが爆発することが多い）
- □ 機嫌が悪いのがわかりやすくなる

5欲その2

食欲・性欲

SHOKUYOKU&SEIYOKU

➡ 食べ物やセックス、快楽への強い欲、または執着

このページに書かれていることが自分の感覚に近いと思ったら、
あなたは「食欲・性欲」が強い人です。

私はこんな人です！

＝「満たされたら気持ちいい！」と思うこと

運がいいとき

- □ 明るい
- □ サービス精神旺盛
- □ よくしゃべる
- □ 自分のアピールがうまい
- □ 前向き・ポジティブ
- □ 陽気
- □ 自分をわりと素直に出せる
- □ 楽しませることを考えるのがうまい
- □ 人情家
- □ 人生を楽しみたい
- □ 快楽主義
- □ 自分の欲望に素直
- □ エッチしたくなると抑えられない
- □ 食事を大切に考える
- □ 判断が早い・迷わない
- □ 運がいい・勘がいいと自覚している
- □ 落ち込んでも立ち直りが早い
- □ みんなで食事するのが好き
- □ おすそわけ・ごちそうがしたい

このタイプの人が
言われると嬉しい言葉

- その服いいですね！ どこで買ったんですか？
- ○○さん、物にこだわりますよね！
- もっと儲けていいのに〜
- お目が高い！

左ページの欲が悪く出ると「裏目に出る」ようになります。
こっちの傾向が強くなると、運が悪くなるので要注意！

▼

欲望が満たされないとこうなる！
＝「調子が悪い」ときにやってしまうこと

運が悪いとき

- □ ケチ・せこい
- □ 人の給料がやけに気になる
- □ 臆病
- □ 得だと思えないと動かない
- □ 恋愛でも得を考えて付き合う（得を感じられないと付き合わない）
- □ 計算高い（ただし悪意はない）
- □ 物事を現実的に考えすぎる
- □ 同じ服ばかり着る・ダサい
- □ おごってもらうとじつはすごく嬉しい
- □ 流行を取り入れるセンスがない
- □ 情報に振り回されやすい
- □ オリジナリティに欠ける
- □ ブランドに弱い
- □ ウソやお世辞がうまくなる
- □ 物を捨てられない

5欲その3

KINYOKU&ZAIYOKU

金欲・財欲

➡ お金や物の価値を、自分の価値と同一化し、高めたいと思う欲

このページに書かれていることが自分の感覚に近いと思ったら、
あなたは「金欲・財欲」が強い人です。

私はこんな人です！
＝「満たされたら気持ちいい！」と思うこと

運がいいとき

- □ 段取りが好き
- □ 情報収集が好き
- □ 堅実
- □ 現実的に物事が考えられる
- □ いい意味で心配性
- □ 守りが堅い
- □ お金のためならフットワークが軽い
- □ 分析がうまい
- □ 損得がすぐに見極められる
- □ 「価値」を大事にする
- □ 物・お金の価値に敏感
- □ 物・食べ物を大事にする
- □ コスパの計算ができる
- □ 倹約家
- □ 節約が上手
- □ 商売で成功する才能がある
- □ 不動産に運がある
- □ 社会的に成功している方だ
- □ 具体的な目標が立てられる

このタイプの人が言われると嬉しい言葉

- 素晴らしい実績ですね！
- なかなかできない経験をされてますね！
- すごいですね！ 人気者ですよ！
- 仲間（チーム）思いですね！

左ページの欲が悪く出ると「裏目に出る」ようになります。
こっちの傾向が強くなると、運が悪くなるので要注意！

運が悪いとき

欲望が満たされないとこうなる！

＝「調子が悪い」ときにやってしまうこと

- □ 雑になる・言葉遣いが悪くなる
- □ メンタルが弱い
- □ 見栄っぱり
- □ 細かいところを気にしすぎる
- □ お礼を言われないとキレる
- □ 自分のルールだけを正しいと思う
- □ 押しつけがましい
- □ すぐ空回りする
- □ やたら甘えたがる
- □ 「やるぞ！」と言って人に役割を振るのがうまいが、自分ではやらず人任せにしすぎる
- □ 人をおだてる・自分もおだてに弱い
- □ 人の上に立ちたがる
- □ 人から慕われたがる
- □ 一度決めたことを変えられない
- □ 周りが見えず、人が離れていく

5欲その4

KENRYOKU&SHIHAIYOKU

権力・支配欲

➡ 人の上に立ち、コントロールしたい欲。その手腕を認められたい欲

このページに書かれていることが自分の感覚に近いと思ったら、
あなたは「権力・支配欲」が強い人です。

私はこんな人です！

＝「満たされたら気持ちいい！」と思うこと

運がいいとき

- □ リーダー気質
- □ 面倒見がいい
- □ 人情家
- □ 正義感がある
- □ 自分が正しいと思ったことを貫き通せる
- □ ほめるのがうまい・ほめられたら素直に答える
- □ 頼りにされると嬉しい・頼まれるとほうっておけない
- □ 純粋・ストレートでまっすぐな心
- □ マナーを大切にする
- □ ルール・上下関係を守る
- □ 品がある
- □ お礼、挨拶ができる
- □ 決めたことをまっすぐに進められる
- □ 博愛主義
- □ 甘え上手
- □ 権力に屈せず、間違っていることを「違う！」と言える
- □ お金持ちに好かれる

このタイプの人が
言われると
嬉しい言葉

- 才能ありますね！
- よく知ってますね！
- 頭いいですね！
- 尊敬してます！

左ページの欲が悪く出ると「裏目に出る」ようになります。
こっちの傾向が強くなると、運が悪くなるので要注意！

欲望が満たされないとこうなる！

＝「調子が悪い」ときにやってしまうこと

運が悪いとき

- □ 人を小馬鹿にする
- □ へりくつが多い
- □ 言い訳が多い
- □ 理由がないとやらない
- □ お金など他の欲望に対して無関心
- □ 人に興味がない
- □ 好きになると同じものばかり食べてしまう
- □ 評論家かぶれになりやすい
- □ 心が冷たい（冷徹）
- □ 一人になりたがる
- □ ひとりよがりになって周りが見えなくなる
- □ 皮肉を言う
- □ 自分の作品やアイデアに関しては自己顕示欲が強い

5欲その5

SOUSAKUYOKU

創作欲

➡ モノやアイデアなどを生み出したい欲。その才能を認められたい欲

このページに書かれていることが自分の感覚に近いと思ったら、
あなたは「創作欲」が強い人です。

私はこんな人です！

＝「満たされたら気持ちいい！」と思うこと

運がいいとき

- □ 理論立てて物事を考えるのが好き
- □ 謎の多い人が好き
- □ 歴史など昔のことが好き
- □ 深いことが好き
- □ 自分の才能、人の才能にほれる
- □ 好きなことを極めたい
- □ 金銭面など気にせず、好きなことを追求する
- □ 天才肌
- □ 人の才能に気づくことができる
- □ 先生になる人が多い
- □ 学者・研究者タイプ
- □ 芸術家・職人肌
- □ 極めたいし、実際に極められる
- □ 尊敬する人の話を素直に聞く
- □ 他人に振り回されない
- □ とことん調べる・調べるのがうまい
- □ 認めた人や物にはとことんのめり込む
- □ 心をめったに開かないが、開いたらとことんハマる
- □ 師匠と弟子の関係になりやすい

まとめ 1

運がいいとき、悪いときに、すべきこととは？

運気がいいときは心が素直に動いているので、楽しくてやる気がみなぎってきます。

このときすべきは「決断」と「行動」です。やりたいことを決め、どんどん手を出し、好きな人や気になる人に積極的に声をかけてください。躊《ちゅう》躇《ちょ》している場合ではありません。心が素直になっているのにブレーキをかけてはいけません。突き進むことに運気が後押しをしてくれる時期です。

逆に、運気が悪いときは欲望が満たされないので心が戸惑います。本来の欲望に飽きて真逆を求めたものの、「やっぱり違った！」という感じでしょうか。居心地の悪さを感じ、「なんだかつらい」という感覚になり、心が不安定になっていきます。自分から違う方向に行きたくて行ったのに……です。

とはいえ、振り子は一定の周期で動いているので、自分の中にある強い「欲望」がわかったら、普段の生活で意識すると、心の動きに気づけます。

◆調子がいいのは欲望が満たされているから
↓運気がいい
◆調子が悪いのは欲望が満たされないから
↓運気が悪い

と、心の状態をイメージしやすくなります。

占いでは「運気の良し悪し」を伝えますが、「運気が悪い」と言われても怖がらなくて大丈夫。なぜなら、次の意味合いになるからです。

◆運がいい時期・運気が上がってくる時期
↓行動するとき
◆運が悪い時期・運気が落ちてくる時期
↓勉強するとき

運

運気が悪いときは、勉強のとき。新たな経験で、人生のステージが上がる！

で、簡単には戻れません。

　では、どうすればいいか。**運が悪いときは「勉強するとき」**なんです。これまで関心がなかった事柄になぜか興味が出てきたりして、未知の世界を知るチャンスが来たとも言えます。避けてきたことや、触れる機会がなかったことにも出会い、「やってこなかった課題をこなす」時期です。

　ただし、それらは自分にはない欲なのでしんどさを感じます。でも、**「今まで求めてこなかったことを体験する時期なんだ」**と知っていれば心構えもできるもの。ここで経験すれば、人生のステージが一つ上がります。

　心が乱れて、トラブルに見舞われたり悪評が立ったり、苦手な人と絡むことになったりもしますが、それ自体が「勉強」です。ここでいかに「自分らしくない自分」を面白がれるかが勝負。「5欲」それぞれのページにある、「欲望が満たされないとこうなる！」の傾向が出てきたら、運気低下のサインだと思ってください。

運は**意識する**と見えてくる

今、自分の運がどうなっているか。それがわかれば、何をしたらいいかが見えてきます。そこで、実感として得られるサインを教えましょう。

「最近、いいことが続いているなぁ」

と思うときと、

「やる気がなくなるタイミング」

これが**運気の変わり目2大サイン**です。

絶好調のあとには必ず「勉強の時期」がやってきます。絶好調からの変化の兆しは、**「なんか飽きたなぁ。急に違うことをやりたくなってきた」という感覚**です。飽きてくるのは心の振り子が真逆に振れ始めたサイン。次の勉強をする時期です。

また、文句が出たり、批判が出やすくなったりするのも変わり目サイン。「最近のテレビは全然面白くない」などと批判が出始めたら、運気の変わり目。現状から卒業するときが来ています。

絶好調は、長くても2年しか続きません。

人間は、12年のうちで4年しか好調期がなく、4年のうち絶好調は2年で、もう2年は種蒔きの時期。それ以外の8年間は「勉強の時期」なので、どちらかというとしんどい。

でも、勉強の時期が8年くらいあって、その結果、好調期が4年あるんだとあらかじめわかっていれば、「次は何の勉強をしようかな」と勉強計画が立てられます。楽しくて調子がいいときに、急に「勉強しなさい」と押しつけられるより全然いい。だからこの勉強のタイミングを意識して、それをどう楽しむかが運をよくするコツ。

また、運の周期は年単位だけでなく、月単位、日単位、24時間単位でもあります。

ここ数日落ち込んでいたのに、ある朝起きたら急に気持ちが軽くなった！　体も軽い！

運

好調を味わったら次の不調の、
不調を味わったら次の好調の準備を！

こんな変化があったら、「日単位」の周期が変わった可能性があります。捉えるなら、「好調日は2日間、不調日は2日間、その中間に当たる普通の日が8日続く」というイメージ。

「月単位」も同様で、12年周期を12カ月に置き換えて、1年のうち2カ月は好調月ですが、2カ月は不調月。8カ月は普通の月です。

この基本的な「サイクル」を覚えておくと対処法がわかってきます。

好きなこと、やりたいことがわかっていれば、自分らしい方向へ振り子が動いているとき（運のいい時期。日単位なら好調な2日間）に「やろう！」と決断して行動し、自分らしくない方向へ振り子が動いているとき（運が悪い時期。日単位なら不調な2日間）は、自分に出された課題をコツコツこなせばいいのです。

つまり自分の「5欲」がわかっていれば、運のいい時期、悪い時期に何をすべきかの準備ができ、「運の動き」を見極めながら、チャンスの電車に飛び乗ることができます。

まとめ
3

不運の正体がわかればラクになる！

2章では、「運がいい、悪い」と感じるのは「心の振り子が振れるから」であり、それは人間誰しもに周期的に巡ってくる変化だとわかりました。

そして、自分の中の強い「5欲」を知ることで**「どの欲が満たされると運がいいと感じるか」**がわかり、一方で**「その欲が脅かされると不安になる」**ことや、**「自分に〝ない欲〟を求められたり、得てしまったりすると不運に感じる」**こともわかりました。

心が振り子のように動き、変化を繰り返すことは止められません。でも、そのせいで自分の中の強い「欲望」が満たされるときもあれば、〝ない欲〟を押しつけられてストレスを感じるときもあると知っていれば、「あぁ、そういう時期が来たんだ」と心の平静が保てます。

さらに、こうした心の変化も、外からやってくる不運も、「上がったら下がる、下がったら上がる」という法則（周期）に基《もと》づいていると理解できたので、「運は必ずよくなるし悪くもなる、幸運と不運は順番に巡ってくるだけ」と思え、心のストレスはだいぶ減ります。

不運とは、心にかかる強いストレスです。

ストレスの正体がわかっていれば、それに対する心構えもできますし、自分が成長すれば、それを楽しめるようにもなっていきます。

運は心。心は「鍛えよう」と思えば鍛えられます。そして、幸運も不運も順番に巡ってくることがわかっていれば、単なる新たな経験と思えてきます。つまり新しい勉強です。そして人生は勉強の連続です。それを楽しみながら積み重ねていければ、不運を感じなくなっていくものです。

運

**幸運も不運も単なる経験。
豊かな人生とは経験を積み重ねること！**

3章 運の鍛え方

生き方を変える〝最後のヒミツ〟
運は鍛えられるものだった！

運とは何か。運気には振り子運動のような周期がある、ということをここまでで説明しました。いよいよ3章では、「運を鍛える方法」に迫ってみたいと思います。

2章で「自分らしさ＝欲望」がわかったので、それに向かって素直に行動すれば運がよくなるイメージができたと思います。

このとき、余計な心配をしたり、迷ったり、他人の価値観に引っ張られすぎたりすると、振り子の勢いは落ちていきます。ですから、運気のいいときは自分を信じてフルスロットルで行動しましょう。

ただし、振り子の片方ばかりが勢いを増しても、もう片方にも勢いがつかなければ、振り子全体の勢いは強くなっていきませんよね？

では、もう片方の「自分らしくない方向」へ向から振り子の勢いを増すにはどうしたらいいのでしょう？

僕が考えたのは**「自分に〝ない欲〟を、あえて鍛える」**。これを意識的にやることです。

一般的には、「得意な面を伸ばすのがよい」と言われます。僕の占いで言えば、「5欲」のうちの強い欲を満たそうとすることです。

得意な面を社会に生かし、人のために生かせられれば生きやすくなります。占いでもそうお伝えします。つまり、「5欲」は長所なんです。

ただし、得意なことを伸ばしつつも、人間としての器をもっと大きくしたいなら、片方の振り子の勢いだけでは伸びが確実に落ちていきます。

そこで、**あえて「自分らしくない方向」を鍛える**のです。

運

自分にない欲望を積極的に体験することで、運は鍛えられる！

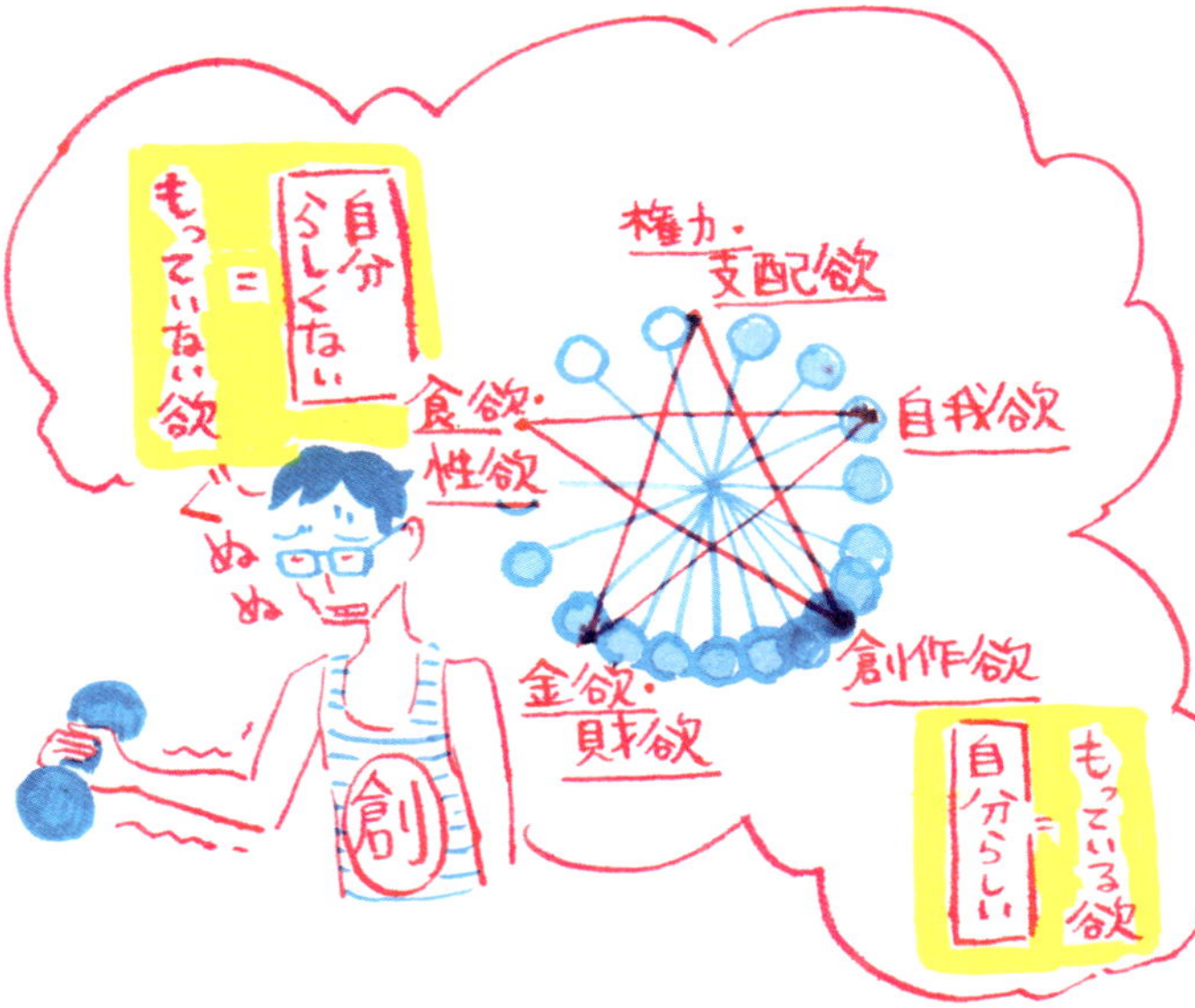

「5欲」で当てはまらなかった欲を積極的に求めにいき、苦手意識や嫌悪感すら抱くような、自分にとってはよさがわからない感情が湧く場所に飛び込んで、それらを味わってみるのです。

そうすることで、振り子が「自分らしくない方向」へ向かうときの勢いが増し、「5欲」を5角形に例えたときの、すべての角（方向・欲）に勢いよく向かうようになれば、振り子に遠心力がついてグルグルと回り始めるのではないか……。僕はそう考えました。

振り子がグルグルと勢いを落とさずに動き続ければ、常に高い位置をキープできるのではないか、とも考えました。

つまりそれは、**どんな欲望にも対応できる**こと。そうなれば**人間的に最強**となるはず！

そう思った僕は、これまでに「自分にない欲」をたくさん体験してきました。

次のページからは、僕の体験も含め「運を鍛える方法」を具体的に紹介していきます。

運の鍛え方

01

自分にない欲を知る

30代半ば、僕はそれまで貯めたお金で、占いを絡めたカフェの経営を始めました。テーブルをまわってお客さんを占うスタイルでした。

僕の場合、「5欲」の中では「自我欲」が強くありません。負けず嫌いではないし、人と勝負することに興味がない。勝ち負けなんてどうでもいいと思ってしまう。だから根は商売人ではないんです。売上、儲け、利益率など、数字を達成することが楽しいとはなかなか思えませんでした。

そんな僕に、カフェ経営の話が舞い込んできたのです。**これは新たな課題かもしれない**と考え、思い切ってチャレンジしました。

結論から言うと、なかなかしんどい経験でした。「向いてないな……」と思いつつも、世の中にはこういうことが好きでたまらない人がいる、成功して何店舗も展開する人や人生をかけてお店を営んでいる人もたくさんいることを知りました。

勝ち負けに興味がない僕も、数字を追いかけて、負けないようにするにはどうしたらいいか、と知恵を絞ることの面白さが次第にわかるようになっていきました。どう仕掛け、どう宣伝し、どう集客するかなど懸命に取り組みました。

また「権力・支配欲」ももっていない僕は、もともと面倒見のいいタイプではないのですが、従業員の指導や世話も体験しました。

もちろんカフェにお客さんが来てくれるのは嬉しいし、やりがいもありました。でもやはり、もともともっていない欲だということも痛いほどわかりました。

結局、カフェは2年で終了しましたが、このときの苦労した経験のおかげで、経営者と話がしや

運

他人の欲望がわかれば、どんな人の心にも恐れずに入っていける！

すくなりました。経営者がどんな思考をするか、どんな悩みを抱えるか、手に取るようにわかるようになったのです。

仏教には「欲をなくしなさい」という教えがあります。苦しいのは欲深いからだ。それなら欲をなくしなさいと。

僕は、それとは真逆の方法論を試したわけです。

「自分にない欲ももちなさい」

欲をなくすのではなく、あらゆる種類の欲をもってみる。もう少し正確に言うと、自分に〝ない欲〟をあえてもってみる。つまり「５欲」をすべて積極的に体験しに行く。そうすることで、人間のもつあらゆる欲が実感としてわかるようになっていきました。

また、**経験に裏打ちされた勘が培われるので、肌感覚で人の心がわかってくる**のです。こうして僕はどんな人も怖くなくなっていきました。

運の鍛え方 02

自分に「ない欲」をもつ人と組む

自分に「ない欲」をもつ人は、自分を鍛えてくれるありがたい人だった！

人間は、誰一人として同じ人はいません。なかには、どうしても好きになれない人もいるでしょう。心を病むほどならムリして付き合う必要はないと思いますが、上司や同僚、ときに親など、どうにも逃れられない相手の場合もあります。

好きになれない理由は**「5欲」が異なるから**です。でも、この本の読者ならここを乗り越えてほしい。運が鍛えられますから。

まずは相手の「5欲」を見つけてください（2章参照）。次に、その「欲」を満たしてあげる努力をします。すると相手はあなたを好意的に見てくれるはず。本来、自分にない欲をもつ人のことは理解しづらいため、嫌いになることが多いのですが、先に大人になりましょう。見方を変えれば**「自分にないものをもっている人」**です。つまり自分を鍛えてくれる人でもあり、お互いの足りないところを補い合える関係にもなれるのです。

運の鍛え方 03

愛嬌のあるバカになる

頼みやすい、話しかけやすい人は
いい縁に恵まれやすい！

バカになる。これも運を呼び込むコツの一つ。「**バカにする人は、バカになれる人にかなわない**」と僕はよく言うのですが、人は、恥ずかしさ、プライド、自我をなかなか消せないので、他人を見下したりバカにしたりして自我を守ろうとします。でも、それが運を遠ざけるのです！

例えば、やりたい人が大勢いる中で運（成功）をつかむのは難しいこと。ライバルがいないほうが運はつかみやすいのですが、前例・好例が少ないから失敗もしやすく、それがみんな怖いのです。

でも、バカになることも、失敗も、多くの人ができないからこそ価値が出て、声がかかりやすくなります。**人から話しかけられやすいと、いい話やいい縁が舞い込みやすくなるので、運は自然とよくなります。**ですから人をバカにしてプライドを保っている人より、自我を消して、愛嬌よくバカになれる人のほうが最強運の持ち主なのです。

運の鍛え方

04

不運を消化する!

運の悪さを感じたとき、よくよく振り返ってみると「準備が足りなかった」とか「チェックが甘かった」など、「結局、自分の不手際が原因だった」と思うこともあります。

しかし一方で、運の悪い時期にはどうにも抗《あらが》えない「外からの不運」に襲われることもあります。

例えば、病気になったり、苦手な人と仕事で組むハメになったり、理不尽な仕打ちを受けたりと、避けられない「不運」がやってくるのです。

不運を分析してみると、**「自分に原因があったなぁ」と思える不運**と、**「青天の霹靂《へきれき》」としか思えない不運**と、**2種類ある**と思います。

自分に原因があった不運は、原因がわかれば繰り返さないようにできるし、次からは避けられるでしょう。これで不運は消化できます。

一方、どうにも抗えない不運に見舞われると「なんで自分ばかりがこんな目に遭うのか……」とネガティブな感情に襲われるもの。でも、運気の悪い周期に入るとそういうことが起こりやすいのです。

僕も、運気が悪い日にこんなことがありました。タクシーに乗ったら、運転手さんが近道で行くと言うので任せました。すると、その道が工事中で結局遠回りすることになり、時間はかかるわお金もかかるわで、「いつもの道で行ってくれればよかったのに……」とイヤな思いをしました。

このとき腹を立てて、運転手に「安くしろ!」と言うこともできたと思います。でもちょうど運気の悪い月だったので、**「よし! これで不運を消化できた」**と考えました。

これは使えるワザの一つです。

つらいことの多くは不運の消化。むしろラッキーぐらいに考えて！

誰にでも、どうしたって運気の悪いときはあります。これはどうあがいても避けられません。だとしたら、小さな不運で悪い運気を〝先に〟消化してしまえばいいのです。

また別の運気が悪い日に、手が滑ってコップを倒し、テーブルを水浸しにしたことがありました。でも、ここで機嫌を悪くするのではなく、しばらく水が広がるのを眺めながら「これで不運の消化ができたことにしよう」と考えたのです。

こうして**小さな不運をあえて味わい、味わった後に「消化した！」と思うことで、大きな不運が来るのを避けていく**のです。

ちょっとしたお祓《はら》いみたいな気もしますが、幸運と不運は同じバランスで成り立っているので、どんどん不運を味わってしまえば、悪い運気を早く済ますことができます。「チリも積もれば山となる」の考え方で、早く消化した分だけ早く幸運もやってくると思えます。

運の鍛え方 05

不運の**見方を変える**

不運をすばやく消すにはどうしたらいいか。

それは、ネガティブな感情を消すことです。

参考になる話を紹介しましょう。

人を殺し合っていた戦国の時代、戦いから帰ってきた若者を迎える人たちは、「おめでとう！お前は生き残った。運がいい。天下を取れるかもしれない」と讃《たた》えたそうです。

もちろん、仲間は死に、親は死に、自分も人を殺し……と悲惨な状況なんです。でも、ポジティブな面しか見ないのです。

心のどの面にフォーカスするか。

ネガティブな感情に焦点を当てても、何も好転しません。マイナスな感情をもち続けていても、自分で自分の心を痛めるだけで、いいことなど何一つないのです。

ときどき、周りから「かわいそう」と言われることでネガティブな感情を増幅させ、「かわいそうな私」と思い込んでしまう人がいます。

思い込むなら、**「このあとは運がよくなるしかない！」**と思ってください。**「自分で運をよくするしかないでしょ！」**と。

実際に、つらかった過去に恨み辛《つら》みを唱え、ネガティブな感情にいつまでも支配されている人と、「生きているだけで運がいい」と過去を忘れて生きる人とでは、驚くほど人生に差が出ます。

どんな不運でも、見方を変えれば「運がよかった」と思える部分はどこかにあります。それなら、そこに焦点を合わせた方がいいのは明白です。

運

不運を経験したら、「その中の幸運」を見るようにする！

運の鍛え方 06

ネガティブ情報はスルーする

たとえ発言者の親切心からだとしても、「このままでは危ない！」というようなネガティブ情報で不安を煽《あお》られたら、**勇気をもって無視しましょう。**必要以上に怖がらせ、不安を植えつける情報に振り回されると運を落とします。

なかには、「あなたのことが心配だから……」と言ってくれる人もいますが、その人はあなたが不運に遭えば「だから言ったじゃない」と言い、不運を回避すれば「だから私の助言に従ってよかったでしょ」と言えるんです。つまり、どちらに転んでもネガティブ情報発信者は責任逃れができるのです。

具体的な対応策や予防法があって、自分が納得できるなら、それで気持ちを安定させましょう。

一方で予防できないこと……例えば、隕石《いんせき》が落ちてくるかもしれないとか、天変地異などの心配は、個人ではどうにもできないので悩んでもしょうがない。

だったら気楽に考えましょう！

恐怖や不安にさいなまれると、身動きが取れなくなり運は停滞します。ここは視点を変えて「もしかしたら生きることに執着しすぎていたかも」と思ってみてください。

死は誰にでも訪れ、100％避けられないのですから、それまでの日々は**楽しく、面白く、楽観的に生きた方がいい**と僕は思っています。死ぬことだって体験してないから知らないだけで、もしかしたら至福なことかもしれません。**ネガティブ情報に振り回されると自分を見失ってしまいます。**そうなると運を落とすので、強い心でスルーしましょう！

運

考えてもしかたないことに心を乱されない！

運の鍛え方 07

期待しすぎない

見返りや即効性を求めると不運に、面白がっているとそのうち幸運になる。

風水などの「運気がよくなる方法」を生活に取り入れると、つい「早く結果が出ないかな」と期待してしまうのが人間の性《さが》。期待感があるからワクワクして楽しくなり、そのポジティブな姿勢をキープできると運はよくなります。ただし、期待しすぎると逆効果になることも……。

運は、栄養ドリンクのように「飲んだらすぐ効く」というものではありません。例えば『ゲッターズ飯田の金持ち風水』で紹介した内容も、根本となるマインドが根づくには時間がかかります。「真似したのによくならない」とすぐに結果を求めては、前向きな気持ちがイラ立ちに変わってしまい運は落ちていきます。**期待感を忘れるくらいに〝行動そのもの〟を楽しみ続けましょう。**

何でも**「まずは面白がる」**のが運を鍛えるポイントです。無心で淡々と続けられていることに運は貯まっていきます。

運の鍛え方 08

好かれようとしない

運

好かれても嫌われても気にしない！
人の評価に振り回されない。

多くの人に好かれる人は強運の持ち主ですが、「好かれよう」と努力する人は運が落ちていきます。どういうことかわかりますか？

「好かれたい」と思うと、その人の好みに合わせようとして自分が出せなくなり、「嫌われたくない」と思うと、その人に合わせすぎて自分が見えなくなるからです。

また、「ほめられたい」という思いが強い人は、**ほめられることが目的となり、ほめてくれる人に合わせようとし始めて自分を見失っていきます。**

仲間意識も強すぎると危険で、仲間優先になりすぎて自分をなくしていきます。

人に執着しすぎたり、周りの評価を気にしすぎると、運は落ちていきます。

好かれようとしない。嫌われても追いかけない。人の評価はどうでもいい！　そのくらいの方が運は強くなります。

運の鍛え方
09

喜ばせ上手になる

運

喜ばせる、素直に喜ぶ、どちらも運を大きくする！

テレビで芸能人が、「○○さんから、こんなにお年玉をもらった」「食事会で全額支払ってくれた」などと話すのを聞いたことがあるでしょう。

稼いでいるからでしょ……と思うかもしれませんが、稼いでいてもこれができない人がいます。できる人は圧倒的に運のいい人です。

運のいい人は、人を喜ばせることがとっても上手です。相手をビックリさせるほどの嬉しさで満たす、ということをサラッとするのです。

そしてさらに大事なのは、喜びを受け取ったとき。受け取った方は素直に喜び、それを誰かに話しましょう。すると、喜ばせてくれた人の評価が上がり、今度はその人が喜ぶことになります。

こうして**喜びのキャッチボール状態**となれば、互いの運が上がっていきます。ボールを受け取った人も運のいい人で、そのボールをちゃんと返すと、お互いの運がひとまわり大きくなるのです。

運の鍛え方 10

ほめ上手、感謝上手になる

敏感に「運がいいこと」に気づき、ほめまくり、感謝を振りまくと、運はよくなる。

成功者ほど、「自分は運がよかっただけ」「周りのお陰です」と言うことに僕は気づきました。

そして、人をほめるのがうまいんです。ほめられてイヤな人はいないので、運が倍返しでよくなることも。日本人はシャイでほめるのが下手と聞きますが、酔っぱらった勢いで「お前は本当にいいヤツだ！」と言うのでもいい。そうやって幸せな空気を振りまいて皆に好かれている人を僕は知っています。**人を笑顔にする態度や言葉をどんどん発する人は、着々と運がよくなっていきます。**

感謝も同様です。いいことがあったら独り占めせずに、**「あなたのお陰」と言って運のお裾《すそ》分けをしてください。**当たり前の日常に隠れている幸せを探し、それを、ほめる、感謝するなどで表現していく。プラスのことしか見ないようにし、「運がいいこと」に敏感になって生きる。これも運をよくするテクニックの一つです。

運の鍛え方 11

不運でステージを上げる

成功者の口癖を知っていますか？

一流のスポーツ選手もよく同じことを言います。それは、運の悪さをはね飛ばす言葉です。

「上がれるチャンスが来た！」

これです。成功者や一流のスポーツ選手たちは、不運に見舞われると成長のチャンスが来たと捉えるのです。**「自分のステージを上げられる！」「経験値が上げられる！」**。そういう感覚です。

この捉え方は占いでも同じで、運気が低迷しているときは、現状の自分をステップアップさせられるチャンスと考えます。ここを乗り越えるとレベルが一つ上がります。


なぜ、レベルアップできるのでしょうか？

それは**「経験に勝るものはない」**からです。

人間は一度経験すると慣れるもの。少々つらい仕事も、どんなものかわかった上で行うのと、避けて通ってきたために想像のつかない恐怖を抱きながら行うのとでは、心のストレス度合いが違います。一度経験すれば「あぁ、あれか」と、ずいぶんラクにスムーズにできるものです。


不運は**「過去に自分がやっていなかったことへの課題が出る」だけのこと。**しかもここで乗り越えずに逃げてしまうと、次に乗り越えるチャンスが来るのは、僕の占いで言うと12年後です。それまで人生のステージを上げられない方がよっぽどつらいと思いませんか？

不運は、時が経てば幸運に変わります。

不運は、捉え方次第で幸運にできるのです。

運

不運はつらいものではなく、人生のステージを上げるきっかけ！

運の鍛え方 12

不運の断ち切り方

つらいことが続き、「もしかしたら不運のスパイラルに陥っているんじゃ……?」と心配になったときの悪い流れの断ち切り方を教えましょう。

「不運のスパイラルなんて存在しない！」

そう思うことです。悪いことが続くとそちらに意識がフォーカスして気づく力が落ちてしまいますが、本当はいいことも起こっています。

1章で話した通り、幸運も不運も長くは続きません。上がったら下がる、下がったら上がるので、イヤなことが続いたら「よくなる兆しが来ている！」と考え、運が上がったときに実力を発揮できるよう前向きに準備を始めましょう。

また不運が続くと、弱気になり、迷いが生じやすくなります。小さな決断にも自信がなくなり、誰かに決めてほしいと思ったりしがちです。

でも、**人生は選択の連続です。選択をしなければ何も始まりませんし、運も動きません。**極端なことを言えば、選択しなければ「生きることを選ばなかったんだ」ということにもなるのです。

生きていて迷うのは当たり前のこと。迷ってもいいんです。ただし選択はしなければなりません。もし不運が続いて弱気になり、選択に自信がなくなったら、**「楽しそう、面白そう」と思えることを選びましょう。**それだけで気持ちがラクになり、気軽に生きると運も軽やかに上がっていきます。

運

悩みにはまっていると思ったら「楽しそう、面白そう」なことを選ぶ！

運の鍛え方
13

人生の壁にぶち当たったとき

よく、調子の悪いときに「人生の壁にぶち当たっている」と表現しますが、じつはこれ、間違っているんです。

たしかに、どうにもうまくいかないことがあると、目の前に大きな壁が立ちはだかっているような気分になります。登ってはズリ落ち、登ってはズリ落ちてしまう高い壁。もう登れないんじゃないか……と絶望的な気持ちになりますが、ここで諦めてはいけません。

最初はやみくもによじ登っていた壁ですが、次第に登り方のコツがわかるようになってきます。「あれ、このパターンには見覚えがあるかも？」と思ったらだいぶ登れている証拠。

もしくは、**淡々と自分のやるべきことを続けていると、自分の体が変わってくる**こともあります。

運

パターンを覚えた、体が慣れた、それは運が鍛えられている証拠！

筋肉がついていつの間にかラクに登れる体になっていることもあります。

壁は、逃げたり避けたりしなければ必ず登れるもの。そして登り切ったときに気づきます。

あれ？　**壁じゃなくて、階段だった!?**

目の前に立ちはだかっていた壁は、壁ではなく階段1段分だったのです。

階段を1段上がったら、景色が変わります。それは、**ステージが上がらないと見えない景色**なんです。

ただ、目を凝らして先を見てみると、次の階段が見えてきます。「また来たか～」と思うかもしれませんが、以前とは違う階段です。

そしたらまたゲーム感覚で攻略法を考えて、あれこれ試しながら登ってみてください。運はどんどん鍛えられていきますから！

まとめ
1

運を鍛えて怖いモンなしの人生に！

「5欲」をすべて体験した僕は、だんだんと人が怖くなくなっていきました。これは大きな収穫です。

例えば、「面倒だなぁ」と思う人が来ても、面倒くさい人のパターンを知っているので、「あぁ、このタイプなんだな」という感覚になり、慣れてくるのです。

とはいえ、自分にない「欲」をもつ人から自分にない理屈で攻められると、その人のことが一瞬嫌いになります。だからといって避けていても何の解決にもなりません。そこで一歩踏み込んで、そういう人にはどんな関わり方をしたらいいかを考えました。

心身を病むほどイヤな人なら距離を置く方が身のためですが、僕はそこにもあえて飛び込んでいきました。

嫌いな人とも仲よくなってしまおう！

そう思ったのです。そのためには相手の欲を見極め、その欲を満たすようにして、積極的に仲間になってしまえばいい。

ちょっとしたコツを教えます。

人は、誰かを評価するときに必ず自分の欲が出ます。「いくら儲かるの？」と聞く人は、お金の欲をもっている人です。「注目されてるね」と言う人は、自己顕示欲の強い人です。このように相手の発言に注目してみると、その人の欲望が透《す》けて見えてきます。**欲＝その人**です。

「相手の気持ちになれ」とはよく言われることですが、相手そのものになることはできません。

そんなとき、相手の「欲」がわかれば「この人が欲しいのは○○で、それが満たされないのがイヤなんだな」と想像することはできます。自分に置き換えてみて、自分の欲が脅かされたときの恐

運

人間関係が怖くなくなれば、たいていの悩みは消える！

怖や不安と同じ気持ちを抱いているのか……と思えば、いくら自分に〝ない欲〟をもつ相手でも、「イヤなんだな」という気持ち自体には共感できるはずです。

さて、「5欲」を積極的に体験した僕ですが、結果的に、自分に〝ない欲〟をもてるようにはなりませんでした。**ない欲はないままです。**でも**「体験したから理解できる」**というレベルには達することができました。これはとても有意義なことでした。

人の悩みのほとんどは人間関係です。嫌うから悩むんです。それなら全員と仲間になってしまえばいい。深い友達にならなくても、わざわざ嫌いになる必要はない。なぜなら、嫌うことってエネルギーを使いますからね。**「この人は、こういう欲をもっているんだな」**とわかれば、過度な期待も、「理解できない！」とイライラすることもなくなります。人間関係に怖いものがなくなれば、人生がグッとラクになりますよ！

まとめ 2

「不運」は何も怖くない！

「運が悪いなぁ」と感じても、過ぎてしまえば何てことはなく、1年前の悩みなんてほとんど忘れていることが多いもの。

でも、人生には本当に追い込まれることもあって、僕も「どん底」を経験したことがあります。


僕が芸人をやめたころの話です。

占いはその前から勉強していて、僕の占いがすごく当たると言われていた時期がありました。そのとき、自分を占って「死ぬ」と出たんです。

「死ぬ」と出ているので、お金を残してもしかたないと思い、1カ月前からお金を使い続けたら手元に68円しかなくなりました。会う人にも、もう会えなくなるからと占いをし続けて、いよいよか？という日がやってきました。

すると突然、家電が4つくらい一気に壊れて、次に携帯が壊れてメモリが全部消えたんです。布団をかぶって死ぬ覚悟を決めました。

でも死ななかった。

物が壊れたのは身代わりになってくれたのかなと思いましたが、お金もないし、携帯のメモリも消えて誰とも連絡がつかない。でも死ななかったんだから生きるしかない。

さて、どう生きるか……。

すべてがなくなると**「生きる」ことに集中する**しかなくなるんですね。生きるために必要なものは……と、シンプルに考えるようになり、今までもっていたさまざまな物が「ムダだったなぁ」と思えてきました。


僕はそこから人生が変わりました。

運も同じで、いったん底まで落ちると、もう次は上がるしかなくなるんです。そして、いらないものを手放した方が、**「何をすべきか」がシンプ**

今の不運は、未来にあふれる幸運の源泉かもしれない。

★不運とは
・幸運の兆し（幸運の前に訪れるもの）
・自分に足りないものを知るための期間
★運を鍛えるには
・自分の持っていない欲を知り、体験する
受け手の問題

ルに見えてきて、生きやすい。

そして、何もなくなった僕に仕事を回してくれる人が何人かいたんです。どんな仕事も受け、人に会えば無償で占いました。そうやって人に助けられ、僕の運は少しずつ上がっていったのです。

それよりもっと前のこと。当時のマネージャーが僕の占いが当たることを知り、「占いノートを作れ。データを貯めておけ。それを10年続けろ」と言いました。実際、10年後に占いで世の中に出ていけるようになりました。

今になって思うのは、「10年前にそのマネージャーは何を見ていたか？」ということです。

世間的には、芸人として売れずに生活も厳しかったあのころ、「10年後に跳ねる」と予想して助言したマネージャーは、当時の不運ではなく未来の幸運を見ていた。そして僕は、生きることに必死になっていた。これは不運と言えるのか？

僕には不運とは思えないのです。

COLUMN

ゲッターズ飯田が見た!

運の達人 vol.2

「5欲」をコントロールできた人

ある有名タレントさんの話です。この方は、5欲のうち「食欲・性欲」「自我欲」を強くもっているのですが、この欲の持ち主がなかなかできない「自分が身を引く」ということを努力で体得され、今では大活躍されています。具体的に言うと、「この人を目立たせ、この人に得させるためには、自分は今どう振る舞うべきか」という判断と機転の利かせ方が非常にうまいんです。

芸能界には、基本的に出たがりの人が多く、そうでなければ生き残れない世界です。その中で「今、自分は出ない」という選択をし、「相手を出す」ことに神経を使う。これは〝運の回し方〟を知らなければできないことです。

ご本人いわく、昔は「自分が、自分が」だったそうですが、現場での経験と学習で鍛えられていったそうです。まさにサービス精神の人。共演者を喜ばせ、さらに多くの視聴者を喜ばせる「幸せの好循環」を作れる人です。

4章 運の貯め方・使い方

運を味方にするもう一つの方法

運は**貯められる**

3章で「運の鍛え方」を説いてきましたが、じつはもう一つの視点があります。

「運は貯められる」という考え方です。

これまで述べてきた運は、「運の周期＝運気＝心の振り子運動」といった、たゆまず流れている運と心の動きについての話でした。

それとは**別の視点で「運のいい人」**がいます。

例えば、いつも笑顔が素敵な人。明るい雰囲気の人。困ったときに手をさしのべる優しさのある人。自分から挨拶する人。姿勢のいい人。善意のある人。愛嬌のある人。いつも楽しそうにしている人。前向きな人。勇気のある人。行動力のある人、自分は運がいいと信じている人……など。

こう書いただけでも、こういう人には運の神様が味方するだろうなと想像できますよね？

実際に、こうしたポジティブな面を人に与え続けていると、運はよくなっていきます。

ただし、人間は一面だけではありません。

人の心には、裏表があります。ポジティブな人にも、必ずネガティブな面があります。

その心とどう折り合いをつけていくか。

これが運をよくするもう一つのカギであり、「運を貯める」ことにもつながっていきます。

陰陽のマークをご存じでしょうか。

円の中心にS字のような蛇行した線が走っています。片方が白で陽、片方が黒で陰。ただし、白い部分の中には黒い点があり、黒い部分の中にも白い点があります。

僕は、このマークは人間そのものを表していると考えています。

人間は陰陽どちらももっていて、陽は陰にさしかかり、陰は陽にさしかかっています。この揺らぎの中で生きているのが人間なんです。**揺らいで**

運

人間の中には陰陽があることを知り、折り合いをつけて生きていこう！

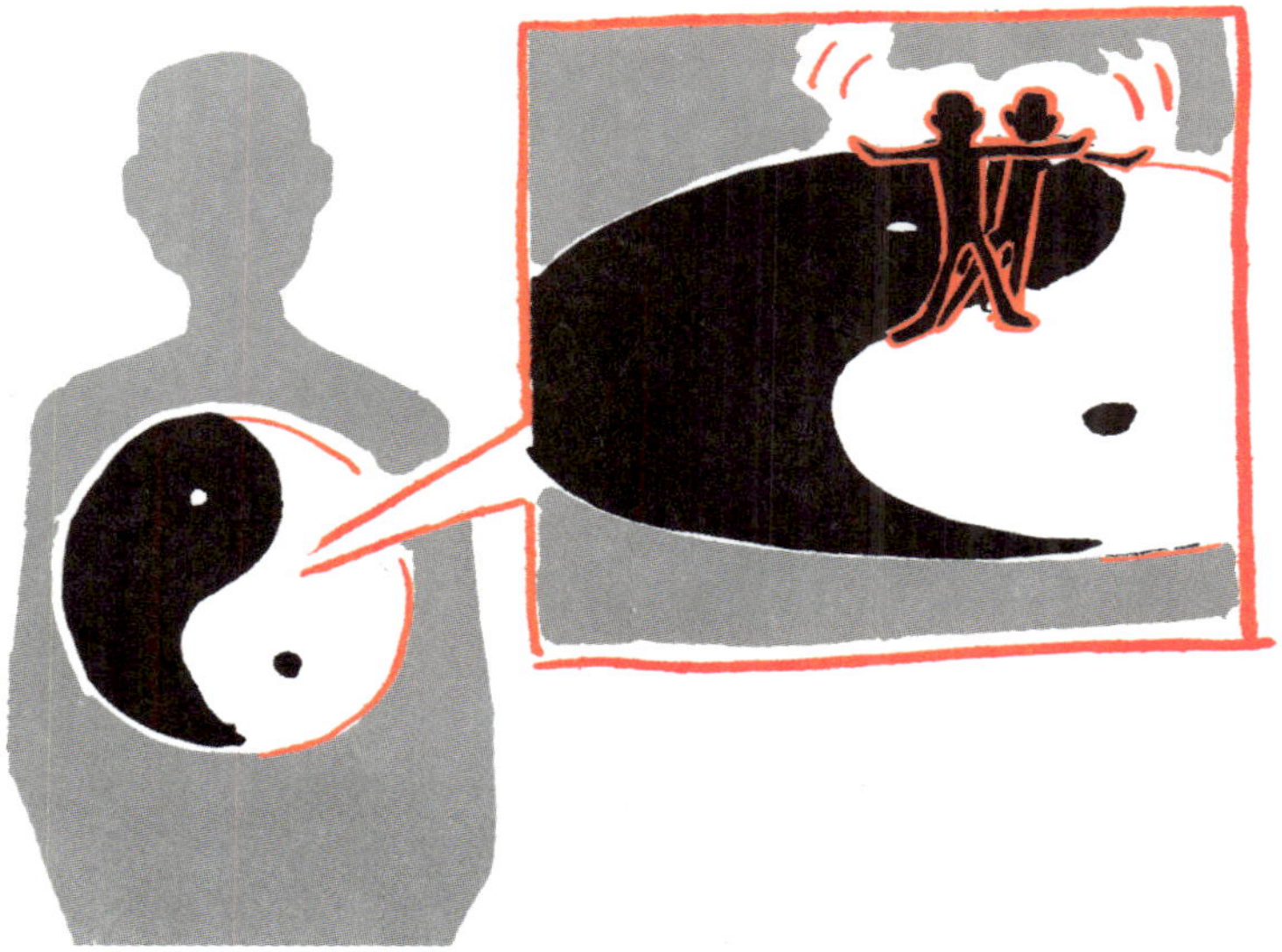

いる陰陽の境目を道と見なし、この蛇行する道をバランスよく歩くように生きるのがいいのです。

ですから、前述したポジティブな面を前面に出している人も、ネガティブな面をもっています。ただし、ネガティブな面を人にぶつけたり、まき散らしたりせず、折り合いをつける努力をしています。

人には誰しも、人知れず積み重ねている陰の努力があります。運のいい人は、それを隠しています。運の悪い人は、この陰の努力を表に出してしまいがちです。

「こんなに努力してるのに！」

「自分はちゃんとやっている！」

陰の努力は、陰から出してしまった時点で価値が消えるのです。そこがわからないと「運を貯める」ことはできません。

次のページ以降で、もっと具体的な「運の貯め方」を紹介していきましょう。

運の
貯め方
01

「お陰《かげ》様《さま》で……」の分だけ運は貯まる

「お陰様で……」

古くから日本にある言葉です。これを言える人ほど「運が貯まる」と僕は考えています。

陰で努力している人が「今、こうして努力ができるのは周りのお陰です」と感謝を述べたとき、その人には運が貯まっていきます。

「お陰様です」と言える人ほど運が貯まるというのは、お金と同様、**運は陰のあるところに集まる**性質をもっているからです。

風水では「お金は暗いところが好き」と言われます。方位で言えば、日の当たる南側ではなく、北西に大金の入った金庫を置くのがいいですし、通帳なども「暗いところに置くといい」と言われています。

運もこれに似ていて、人間の陰の部分に集まります。ですから、その人の陰の部分がきれいだと貯まりやすいのです。昔の人はそれに気づいて、「陰」に「様」をつけ、「お陰様です」と言っていたのでしょう。

また、「お陰様です」と言える精神とは、何か自分にいいことがあっても、**「あなたのお陰です」と自分は陰に回り、相手を立てて感謝する、という心持ち**です。たとえ自分が死ぬほど努力した結果だとしても、「周りのお陰です」と謙虚になって感謝できることです。

こういう人に運は貯まりますが、それはきっと、感謝がカタチを変えたものが運になる、という面があるからでしょう。

感謝の気持ちとは、相手を思う気持ちです。相手を好意的に思えば、相手からも同じように思われるので、運は自然とよくなっていきます。

運は陰が好き。陰の部分がきれいな人に運は貯まる！

よく考えてみると、社会は「感謝」の循環で動いています。お金は「感謝の対価」として払われるものですし、日本人がもっていると言われる互助精神も、元にあるのは「感謝」の心。

陰のものに感謝できる人は、人間の中にある見えない部分（陰の部分）を優しい心で想像することができる人です。また自分も、見えないところで誰かに支えられていることを知っている人。運よく自分に陽が当たったのは、誰かの「お陰様」だと考えることのできる思いやりのある人。

陰の努力や優しさを想像できず、物事を表面的にしか見られない人やでしゃばる人は、いつか叩かれてしまいます。なぜなら自分がしたことは自分に返ってくるので、感謝のできない人には感謝は返ってこないからです。

逆に「お陰様」という言葉で先に相手に「感謝」を渡せば、運は自然と返ってきます。

運は与えれば返ってきて、「陰」に貯まる。

この法則を覚えておくといいでしょう。

運の貯め方 02

うっすら損をしておく

人がイヤがることを率先して行っていると、運が貯まっていく。

「ジュースを買ってくる役、ジャンケンで決めようぜ」。こんなとき、みんながイヤがっていたら僕は率先して買い出し役を引き受けます。なぜなら、ここでジャンケンをして勝てたとしても、イヤな役を逃れるために運を一つ使ってしまうからです。

人がイヤがることを率先して引き受ける。これは運を貯めるコツの一つ。他人のイヤな役を代わることも同じで、代わった僕の方に運が貯まるのです。

「うっすら損をする生き方」と僕は言っていますが、先に損を買って出ると、相手は「ありがたい。今度お礼をしよう」と思うもの。優しい態度に触れて、相手も優しい気持ちになれるのでしょう。

だから「運がよかった」と相手に思わせた方がいい。**「あなたといると、いいことがある」**と思ってもらった方が、**相手も気分がよくなり、僕自身も運がよくなります。**「あなたのお陰で」と思ってもらえる行動には、運が一つ貯まるのです。

運の貯め方 03

プロセスを楽しむ

その先の欲や見返りに気を取られない。面白がって夢中になることが運を貯める。

若手の役者さんから相談を受けました。「売れるにはどうしたらいいでしょうか……」

残念ながら、その発想の時点で売れません。今やっていることの「先にある欲」を求めすぎるのは、貯まってもいない運を使おうとするようなもの。「努力する」ことの先にある「売れる」を狙いすぎては、運は貯まりません。

プロセスをいかに面白がれるか。

売れている役者さんは、多くの人を喜ばせた結果として売れているわけで、陰の努力を見せていないだけです。演じることが本当に好きだから、楽しいから、苦労をものともせず夢中になって面白がっています。そうやって**プロセスを楽しめると幸せにつながりやすい**のです。

僕自身、約5万人もの人を無償で占い続けてこられたのも、占いが好きで、人を笑顔にすること、それ自体が楽しかったから。それだけです。

運の貯め方 04

上手に負けられる人が、じつは勝っている!

負けるが勝ち

占いをしていて、「負けず嫌いの人は成功しにくい」ことに気づきました。このタイプは頑張り屋なのですが、いちいち負けん気をむき出しにするので、人とぶつかりやすいのです。

勝ち負けに敏感になりすぎると、相手を悪く言ったり、思い通りにならないと言い訳をしたりして、険悪な雰囲気になりがちです。

人は、人との関わりの中で生きています。人の喜びの中でしか幸せを感じられないということがわかれば、相手の欲を察し、先に満たしてあげた方が結果的に自分も嬉しくなる、ということがわかってきます。**自分の喜びは後でいい**んです。相手を先に喜ばせる方が、その場の空気はうまく回り始め、気のいい場には運が集まってきます。

上手に負けた方が結果的に大きな幸せを手にすることがあるのはそのためです。そうして周りに笑顔が増え、みんなに運が貯まっていきます。

運の貯め方 05

運をムダに使わない

自分の運をどこに使っているか、どこに使うべきかを見極める!

ある放送作家さんが、お酒に溺《おぼ》れてしまうと悩んでいました。僕の占いで「呑《の》む、打つ、買う」をやめたら売れるタイプと出ていたのでアドバイスしたら、お酒も、博打《ばくち》も、女遊びもやめて、一気にすべてがよくなったという話を聞きました。

彼はこの3つの欲をやってはいけないタイプだったのです。もし、自分が真面目で素直な性格でコツコツやるタイプだと思ったら、この3つはやらない方がいいでしょう。なぜなら、そこに運を使ってしまうからです。

ただし、「呑む、打つ、買う」をやった方が運がよくなるタイプもいます。やんちゃで荒くれタイプの人です。このタイプは刺激が原動力になるので、この3つに運を使うことで自分のエネルギーにすることができます。

自分は今、運をどこに使うべきか。それをチェックする視点をもつといいでしょう。

運の貯め方

06

運を貯めるときの注意点

　ここでわかりやすく、運を「水」に、人を「器」に例えてみましょう。

「自分だけ幸せになれればいい」「幸せを独り占めしたい」と考えると、器に泥がつき始めます。すると、透明な運の水が汚れていきます。もともと入っていた透明な水も、新たに入ってくる水も、全部汚れてしまうのです。

　たまに、運気が絶好調なのに、なぜか幸運が訪れない人や、不幸に見舞われる人がいます。そういう人は、運を貯めなくてはいけない時期によからぬことをしていたため、運の器に泥がつき、汚れた水を貯めていた可能性があります。

運の器は、もともと純粋できれいなもの。

　人として当たり前に生きていれば、泥がつくことはないんです。ところが、自分で泥をつけてしまう人がいます。少しでも泥がつけば、あっという間にすべての水が汚れに染まってしまうのに……。

運

どんな運を貯めていたかはいつかわかる。汚れた運を貯めていたら、人は離れていく。

また、人としてよからぬことをする以外にも、愚痴、不満、文句、悪口、ねたみ、強すぎる自我なども「汚れ」として器に溜まります。こうした負の感情は〝重い〟ので、器に入ると砂のように底に沈んでいきます。すると、器の底には汚れの砂が溜まり、その分きれいな水を貯められるスペースも減ってしまうのです。

運の水は、周期がめぐってくると自然とあふれ出てくる性質をもっています。

汚れた水があふれてきたら、汚くて誰も近寄りません。泥水に触ると自分まで汚れてしまうので、人もどんどん離れていきます。

きれいな水があふれてくれれば、美しさに魅せられて人が寄ってきます。あふれた水も周りの人が手をさしのべて受け取ってくれ、「あとで使えるように取っておくからね」と助けてくれます。

人が離れるか、人の笑顔が集まるか……。

運のいい、悪いは、あなたがどんな運の水を貯めてきたかの結果でもあるのです。

運の
使い方
01

運を使う**タイミング**とは？

運を貯めたらどうするか。この本の最後にそこを考えてみたいと思います。

まず、運は使わなくては意味がありません。

では、いつ使うのか？

それは運のいいときです。運がいいと感じたら、自分のためだけでなく人のためにも運を使いましょう。

前の項目で、運を水に、人を器に例えてみましたが、運を使うのは「運の水」がその人の器に満杯となったときです。「機が熟す」と言いますが、運の水を使うような出来事が起こり始めます。「自分にはできる！」と思えたら決断をして、その水をグイッと飲み干しましょう。

もしもこのとき、「うまくできる自信がないので」と行動をためらったり、「いえいえ、私なんてまだまだですから」と身を引いたりすると、運の神様があふれ出ているのに飲んでもらえない運の水を見て、「あれ？　いらないのね」と1回器を空にしてしまいます。そしてまた同じ運の器が目の前に差し出されます。

つまり、行動しないとまた同じ器でゼロから運の貯金をし直すことになるのです。

では、運の水があふれ出てきたので、決断をしてその水を飲み干したら？

空になった運の器は消え、ひと回り大きな器が目の前に現れます。**一つ運が上がり、器もひと回り大きくなった**ということです。人生のステージが上がったのです。

ここで自分だけで飲み干すのではなく、他の人にも分けてあげられると、運の神様が**「人の分も**

運の水があふれ出したときが、貯めた運を使うベストタイミング！

運を貯められる器の大きな人なんですね」と、より大きな器を用意するようになります。

ちなみに、運の水が満杯まで貯まる前にちょこちょこと自分だけで飲んでいたら……？

運はなかなか貯まらないので、人にあげるのがもったいなくなり、まさに「器の小さい人間」になっていきます。

だから独り占めして飲んではいけないのです。貯めに貯めて、あふれるくらいになってくれば、人のためにも使いたくなってきます。

人のために生きていると、感謝が集まってきて、味方も増えてきます。ここで運気のいい周期が来ればベストタイミング！　応援してくれる人が周りにいる状態なので、「運を使った方がいいですよ」と言うかのごとく**仲間が背中を押してくれ、やりたいことが実現しやすくなります。**つまり、運の水を思いっきり飲めるのです。

運の使い方 02

心の器に注がれるもの

「運の水は、貯まったら運の器からあふれ出てくるので、そこで決断して使うこと」と話しました。

この運を貯める器とは別に、人間には**「心の器」**があります。

心の器とは、**幸せを受け取る器**です。

運をうまく使えると、幸せがやってきて心の器に注がれます。器は自分にあったサイズなので、自分の器以上の幸せがやってくると、抱えきれずに不幸になります。

例えば、宝くじで1億円当たったことで、夫婦仲が悪くなり離婚してしまう人。また、急に売れてお金持ちになり精神を病んでしまう芸能人など。

だから、運の器だけでなく心の器も成長させないといけないのです。

このとき、自分の力だけで「成長させよう」と思ってもうまくいかないもの。

コツは、そこに「他人」を巻き込むこと。

他人と助け合えるとうまく成長できるのです。

見本になるのは、成功している会社の社長さんです。

社長は、少なからず社員の人生を背負っているので、「自分だけでなく、全社員を幸せにしなくてはいけない」という責任を担っているのはもちろん、会社の業績を上げるためにはお客さんの幸せも満たしていかなくてはいけません。さらには自分たちの生業《なりわい》が、日本という国の幸せにもつながらなくてはいけない。そう考えると、関わる人がどんどん増え、それだけ大変なことも増えてい

幸せを独り占めせず、人に分ければ、もっと大きな幸せが舞い込んでくる！

きます。

しかし、降りかかってくる苦労や困難も当たり前だと思って淡々と対応していると、運の神様が運の器と同様に「これだけ多くの人を幸せにしているんだから、もっと大きな器にしないと……」と、心の器もどんどん大きくしてくれるのです。

もしくは、周りの人が器の下にもっと大きな器を差し出してくれるかもしれません。または、もともともっている器が形を変えるかもしれません。

どちらにしても、**他人を巻き込むほどに心の器は大きくなり、それに見合った幸せがやってきます。**

だから幸せの独り占めはしない方がいいのです。「心の器」とは、自分のもののようで自分だけのものではないのですね。

もしも、今もっている心の器から幸せがあふれ出そうになったら、運の器のときと同じように人に幸せをどんどん分けてください。

運の使い方 03

人生はエスカレーター

「運の器」「運の水」「心の器」と例えてきましたが、もう一つ、僕は人生をエスカレーターに例えることがあります。自由に乗り換え可能なエスカレーターです。

何百万、何千万、何億と、さまざまな種類のエスカレーターが横並びになっているのを想像してみてください。どのエスカレーターも上がっていきますが、よく見ると上がるスピードが少しずつ違っているのです。

ものすごく遅いエスカレーターは、乗っている人もたいていじっと立っているだけ。ラクをしているので疲れませんが、周りにどんどん追い抜かれていきます。

一方、スピードの速いエスカレーターはみんなの憧れの的。スピードを上げるために動いているエスカレーター上を歩くことも許されていて、速く進みたければ走ってもいいのです。もしくは、速いエスカレーターに飛び移ってもいいのです。

ただし飛び移るには**「体力」**を使いますし、リスクもあります。何より**「勇気」**がないと飛べません。それだけに、「飛び移りたい！」という**「強い思い」**がないとなかなか飛べません。

一方で、飛び方を間違えたら一気に落ちることもあります。ですから、飛び移れそうなエスカレーターで**「経験」**を積むことも大事です。

好みのエスカレーターには、いくらでも飛び移ることが許されています。このエスカレーターに飛び移ることが**「行動力」**です。

運

人生のエスカレーターは自由に乗り移れる。装備をして、成功率を上げよう！

ただし、飛び移った先のエスカレーターには先がなかった！ というトラップもあります。気づくのが遅ければ落ちてしまいますし、たとえ気づけても、乗り換えるにはリスクが伴うので「覚悟」と「決断」が必要になってきます。

また、飛び移るのに最適なタイミングもあり、タイミングが悪いと失敗します。これを見極める格好のツールが「運の周期」です。

飛び移ったり、走ったりするには体力が必要だと言いましたが、これが「貯めた運」です。「人の運」に助けられて飛び移れることもあります。

体力、勇気、強い思い、経験、覚悟、決断、行動力、運の周期を見極める力、貯めた運、人から与えられる運……。

運を使うときに「もっていると成功率を上げるもの」を挙げてみました。これらを駆使して人生のエスカレーターを上がっていきましょう。

不運は幸運に変えられる！

僕は中学生のとき、ジャンケンが弱くて、トイレ掃除にばかり当たっていました。

イヤだなぁと思ったし、友達からも「お前は運が悪いなぁ」と言われていました。

それがなんと、高校生になってもまだトイレ掃除に当たり続けたんです。さすがに慣れているのでもう何とも思わず、手際もいいので、早く終わらせようと一生懸命にやっていたら、たまたまそれを見ていた生徒会の先生に「飯田はこんなイヤな仕事を一生懸命にやっていて、素晴らしい！」と言われました。

またある日、クラスで委員を決めるときのこと。僕は本を読んでいて話をあまり聞いていなかったのですが、「～やる人いませんか」の声に、何かの委員に手を挙げなきゃいけないと思ってパッと手を挙げたら応援委員に決まってしまいました。あとでわかったのですが、応援委員とはいわゆる応援団で、誰もなりたくない委員だったんです。

そのときにまた、生徒会の先生がたまたま来て「また飯田は人のイヤがることを進んでやるのか。偉いなぁ」と言われたんです。

その先生に目をつけられて、のちに生徒会に選ばれることになりました。

高校ではバスケ部でしたが、二年生のときにひざの靭帯《じんたい》を切ってしまい、部活をしばらく休むことになりました。バスケができないので生徒会によく顔を出すようになり、時間があるから本を読むことが増え、自然と勉強する機会も増えたんです。もともと大学に行くつもりはなかったんですが、それがきっかけとなり「ちゃんと勉強しようかな」と思い始めました。

先生に大学進学を相談すると、「今から勉強してもムリ！」と言われましたが、ダメもとで受験をし、14ページで紹介した通り受験会場に行く新

不運を不運と捉えずに、のちの幸運への布石と捉えればいい。

幹線の中でたまたま読んだ週刊誌の記事と同じテーマが小論文のお題だったという幸運もあり、無事大学に合格しました。

トイレ掃除、応援委員、ひざの靭帯断裂は、不運だったかもしれません。でも、与えられたことを一生懸命にやっていたら、**点と点がつながって線になるかのように、道が開けていきました。**渦中ではわかりませんでしたが、やってきたことがつながっていったんです。

芸人を諦めたことが占い師の道につながったように、振り返ってみると、僕に起こった不運は結果的にほとんど幸運に変わっています。

だから僕は、何か不運があっても「これはのちのち幸運に変わるんだろうな。本当は不運じゃないんだろうな」と思うようになりました。でも本当は、不運を体験しても「それを何としても幸運に変えるんだ！」と思うことが大切なんです。その気持ちがあれば不運は幸運に変わります。

あなたは運を鍛えますか？

一冊を通して、運についてさまざまな角度から迫ってみました。

これまで、「運がいい」とは突然舞い込むラッキーであり、「運が悪い」とは突然押し寄せてくる不幸だと思っていたとしたら、運の見方が変わったのではないでしょうか。

運は、目に見えないから自分ではどうにもできない、というわけではありません。

運は鍛えられるし、運は貯められる。

そして、運がいい出来事も、運が悪い出来事も、そのときだけではそれが本当に運がいいことなのか悪いことなのかはわからない、ということがわかりました。

「だとしたら、死ぬまでわからないじゃないか！」と思う人もいることでしょう。

では、そう思った人にお聞きします。

「死ぬ直前までわからないということがわかったとして、あなたはどうしますか？」

年齢を重ねる、という言葉があるように、人生は積み重ねです。何もしない人も「何もしない」ということを積み重ねています。生きている限り、心がある限り、変化が訪れます。

人生は変化の連続です。昼夜が変わるように、季節が変わるように、運気も周期をもっていて変化します。心も周期をもっていて変わっていきます。心は常に動いています。心の動きが運につながっていきます。

では、常に動き、変化し続ける運を「幸せ」という形にするにはどうしたらいいでしょう？

それには「運のいい状態とはどういう状態なのか」「どんな欲望を満たせば幸せを感じるのか」

を知り、それに向かうことです。他人の幸せと自分の幸せが異なることも知り、自分にとっての幸せを求めることです。そして、他人や社会的価値観〝ばかり〟に支配されないことです。そのためには「心のあり方」を鍛えなくてはいけません。

心のあり方で運は変わります。誰にでも訪れる不運を幸運に変えられます。自分が「運がいい」と思えば、運がいいのですから。

つまり、この本で学んだ運の鍛え方、運の貯め方とは、「己を鍛える」ことだったんですね。

運は心であり、あなた自身。
だから、不運なんてないんです。
運の悪い人もいません。
あなたが自分自身をどう思うかです。

そして、運のいい人生だったかどうかは、死ぬ直前までわかりません。
さあ、あなたは運を鍛えますか？
どんな「心」で生きていきますか？

ゲッターズ飯田

これまで約6万人を無償で占い続け、「人の紹介がないと占わない」というスタンスが業界で話題に。20年以上占ってきた実績をもとに「五星三心占い」を編み出し、芸能界最強の占い師としてテレビ、ラジオに出演するほか、雑誌やwebなどにも数多く登場する。メディアに出演するときは、自分の占いで「顔は出さないほうがいい」から赤いマスクを着けている。著書は、年刊分冊『ゲッターズ飯田の五星三心占い』（セブン＆アイ出版）、『ゲッターズ飯田の運命の変え方』（ポプラ社）、『ゲッターズ飯田の金持ち風水』『ゲッターズ飯田の裏運気の超え方』『ゲッターズ飯田の「五星三心占い」決定版』（以上、朝日新聞出版）など多数。

ゲッターズ飯田オフィシャルブログ
https://ameblo.jp/koi-kentei/

ゲッターズ飯田《いいだ》の運《うん》の鍛《きた》え方《かた》

2015年11月30日 第1刷発行
2024年8月20日 第19刷発行

［著者］ ゲッターズ飯田

［発行者］ 宇都宮健太朗

［発行所］ 朝日新聞出版
〒104-8011 東京都中央区築地5-3-2
電話03-5541-8832（編集）
03-5540-7793（販売）

［印刷製本］ 中央精版印刷株式会社

ISBN 978-4-02-251328-1
定価はカバーに表示してあります。
落丁・乱丁の場合は弊社業務部（電話03-5540-7800）へご連絡ください。
送料弊社負担にてお取り替えいたします。
なお、個別の占いや鑑定には応じかねます。ご了承ください。